Impressum
Verlag: BABADADA GmbH, Nedderfeld 112 , 22529 Hamburg
Geschäftsführer / Verlagsleitung: Harald Hof
Druck: Books on Demand GmbH, In de Tarpen 42, 22848 Norderstedt

Imprint
Publisher: BABADADA GmbH, Nedderfeld 112 , 22529 Hamburg, Germany
Managing Director / Publishing direction: Harald Hof
Print: Books on Demand GmbH, In de Tarpen 42, 22848 Norderstedt

School

l'école

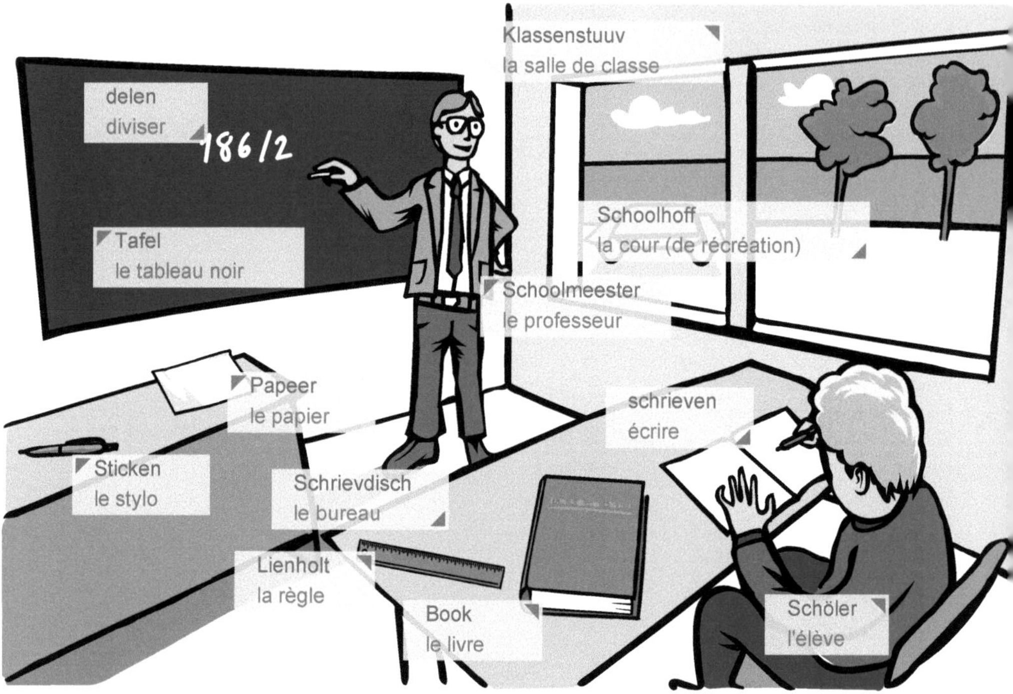
Klassenstuuv
la salle de classe
delen
diviser
186/2
Tafel
le tableau noir
Schoolhoff
la cour (de récréation)
Schoolmeester
le professeur
Papeer
le papier
schrieven
écrire
Sticken
le stylo
Schrievdisch
le bureau
Lienholt
la règle
Book
le livre
Schöler
l'élève

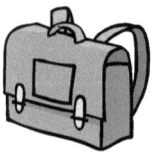

Ranzel

le cartable

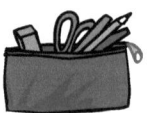

Feddermapp

la trousse

Bleesticken

le crayon

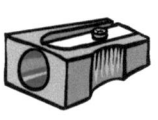

Scharpmaker

le taille-crayon

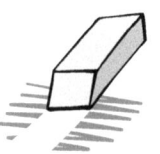

Radeergummi

la gomme

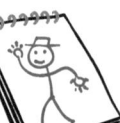

Tekenblock

le carnet à dessin

Teken

le dessin

Pinsel

le pinceau

Malkassen

la boîte de peinture

Scheer

les ciseaux

Klever

la colle

Heft to'n Öven

le cahier d'exercices

Huusopgaav

les devoirs

Tall

le chiffre

tohooptellen

additionner

aftrecken

soustraire

malnehmen

multiplier

reken

calculer

Bookstaav

la lettre

ABC

l'alphabet

Woort

le mot

Text
....
le texte

lesen
....
lire

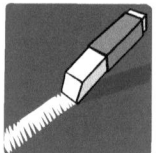

Kried
....
la craie

Stunn
....
la leçon

Klassenbook
....
le livre de classe

Pröven
....
l'examen

Tüügnis
....
le certificat

Schooluniform
....
l'uniforme scolaire

Utbillen
....
la formation

Nakieksel
....
le lexique

Universität
....
l'université

Mikroskop
....
le microscope

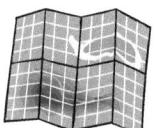

Koort
....
la carte

Papeerkorf
....
la corbeille à papier

Törn

le voyage

Hotel
l'hôtel
Grand
Harbarg
l'auberge
ROOMS
Wesselstuuv
le bureau de change
CHANGE
Kuffer
la valise
Auto
la voiture

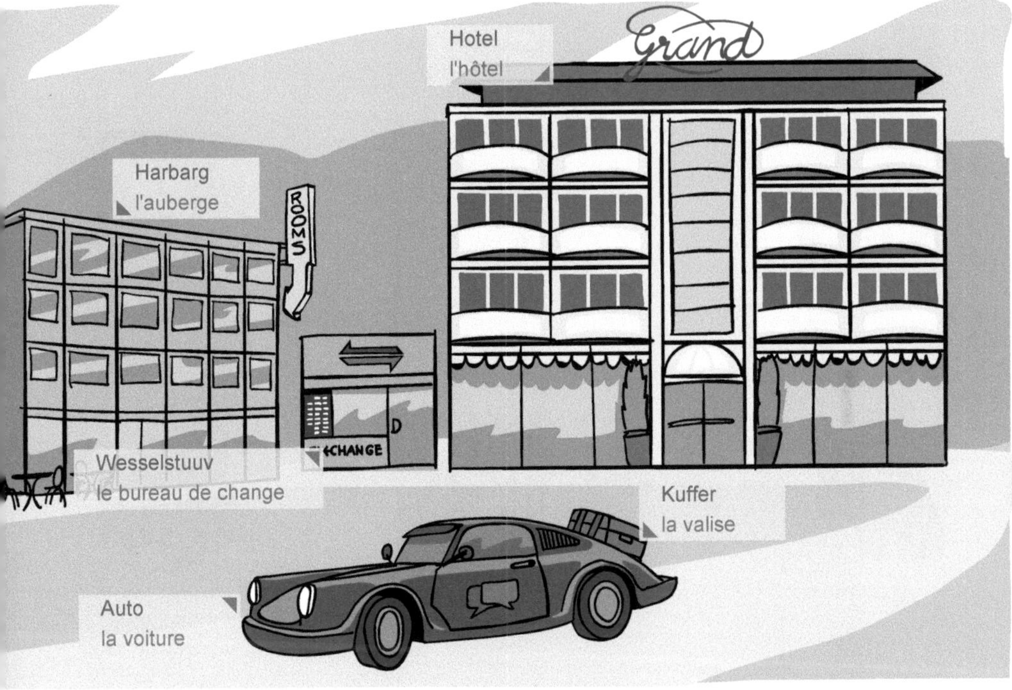

Spraak

la langue

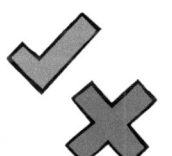

jo / ne

oui / non

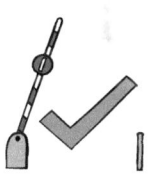

Jo

d'accord

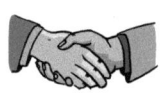

Moin

Salut

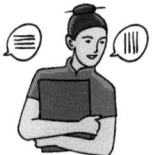

Översetter

l'interprète

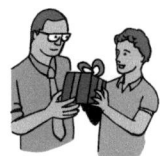

Dank ok

merci

Wat kost...?

Combien coûte...?

Ik verstah nich

Je ne comprends pas

Problem

le problème

Goden Avend

Bonsoir !

Moin!

Bonjour !

Gode Nacht!

Bonne nuit !

Tschüüs

Au revoir

Richt

la direction

Bagaasch

les bagages

Tasch

le sac

Rüchsack

le sac-à-dos

Gast

l'hôte

Stuuv

la pièce

Slaapsack

le sac de couchage

Telt

la tente

ouristeninformatschoon

l'office de tourisme

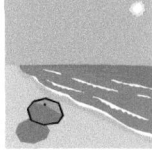

Strand

la plage

Kreditkoort

la carte de crédit

Fröhstück

le petit-déjeuner

Meddageten

le déjeuner

Avendeten

le dîner

Fohrkort

le billet

Fohrstohl

l'ascenseur

Breefmark

le timbre

Grenz

la frontière

Toll

la douane

Bottschop

l'ambassade

Visum

le visa

Pass

le passeport

Transport
le transport

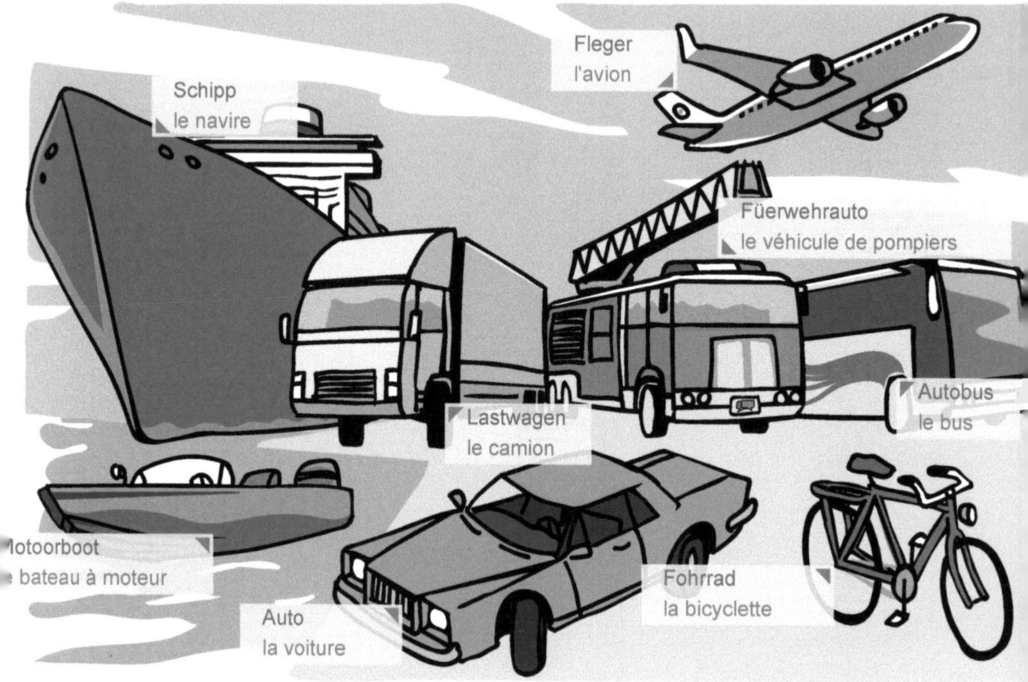

Fleger
l'avion
Schipp
le navire
Füerwehrauto
le véhicule de pompiers
Autobus
le bus
Lastwagen
le camion
otoorboot
bateau à moteur
Fohrrad
la bicyclette
Auto
la voiture

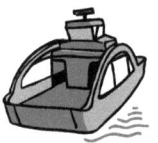

Fähr

le ferry

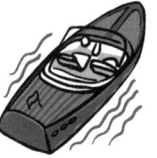

Boot

la barque

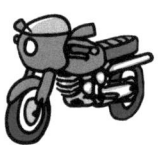

Motoorrad

la moto

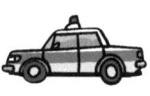

Polizeiauto

la voiture de police

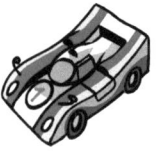

Rönnauto

la voiture de course

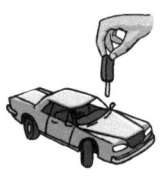

Lehnwagen

la voiture de location

Carsharing

l'auto-partage

Afsleepwagen

la voiture de remorquage

Müllauto

la benne à ordures

Motoor

le moteur

Kraftstoff

l'essence

Tanksteed

la station d'essence

Verkehrsschild

le panneau indicateur

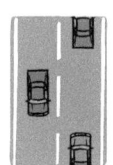

Verkehr

le trafic

Stau

l'embouteillage

Afstellplatz

le parking

Bahnhoff

la gare

Sporen

les rails

Tog

le train

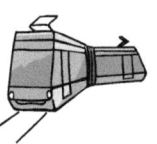

Stratenbahn

le tramway

Wagon

le wagon

Dwarsmöhl

l'hélicoptère

Flooghaven

l'aéroport

Tower

la tour

Fohrgast

le passager

Grootkist

le conteneur

Karton

le carton

Koor

le chariot

Korf

la corbeille

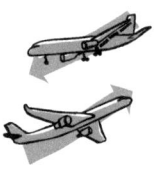

starten / lannen

décoller / atterrir

Stadt
la ville

Dörp

le village

Binnenstadt

le centre-ville

Huus

la maison

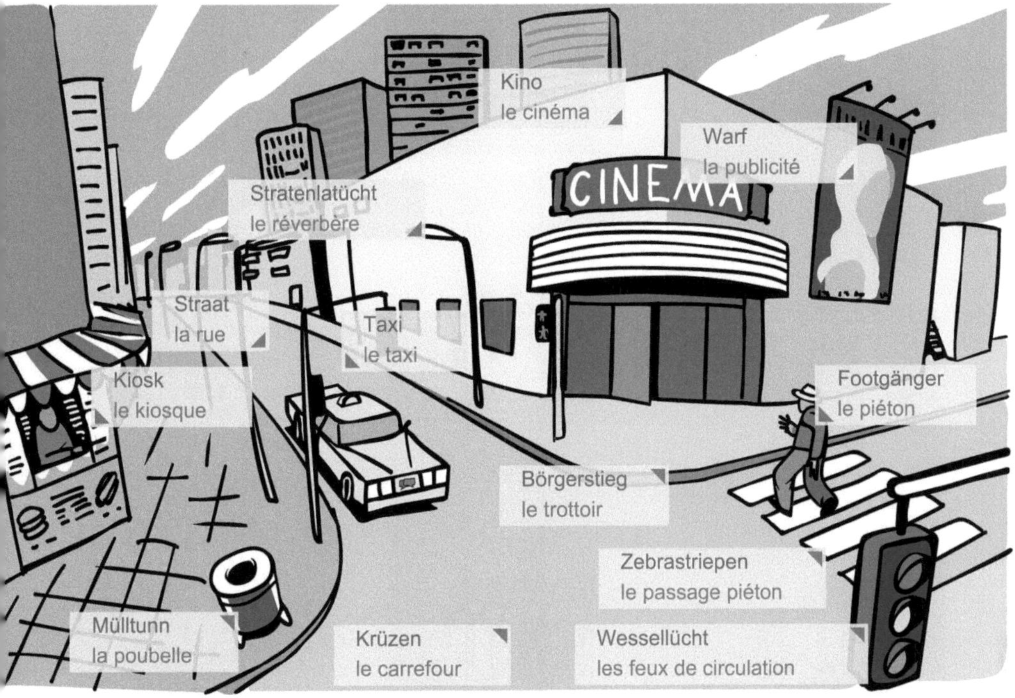

Kino
le cinéma
Warf
la publicité
CINEMA
Stratenlatücht
le réverbère
Straat
la rue
Taxi
le taxi
Kiosk
le kiosque
Footgänger
le piéton
Börgerstieg
le trottoir
Zebrastriepen
le passage piéton
Mülltunn
la poubelle
Krüzen
le carrefour
Wessellücht
les feux de circulation

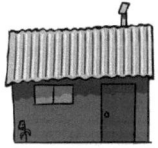

Hütt

la cabane

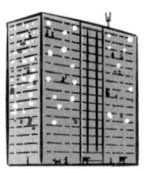

Wahnung

l'appartement

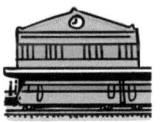

Bahnhoff

la gare

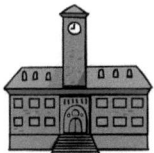

Raathuus

la mairie

MUSEUM

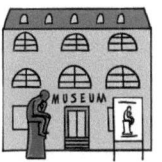

Museum

le musée

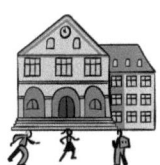

School

l'école

Universität

l'université

Bank

la banque

Krankenhuus

l'hôpital

Hotel

l'hôtel

Afteek

la pharmacie

Büro

le bureau

Bookhökerie

la librairie

Hökerie

le magasin

Blomenhökerie

le fleuriste

Supermarkt

le supermarché

Markt

le marché

Koophuus

le grand magasin

Fischhökerie

la poissonnerie

Inkoopszentrum

le centre commercial

Haven

le port

Parkanlaag
le parc

Bank
la banque

Brüch
le pont

Trepp
les escaliers

Ünnergrundbahn
le métro

Tunnel
le tunnel

Busstoppsteed
l'arrêt de bus

Bar
le bar

Spieslokal
le restaurant

Breefkassen
la boîte à lettres

Stratenschild
le panneau indicateur

Parkklock
le parcmètre

Deertenpark
le zoo

Baadanstalt
le réverbère

Moschee
la mosquée

Buernhoff

la ferme

Ümweltversmudden

la pollution

Karkhoff

la cimetière

Kark

l'église

Speelplatz

l'aire de jeux

Tempel

le temple

Landschop
le paysage

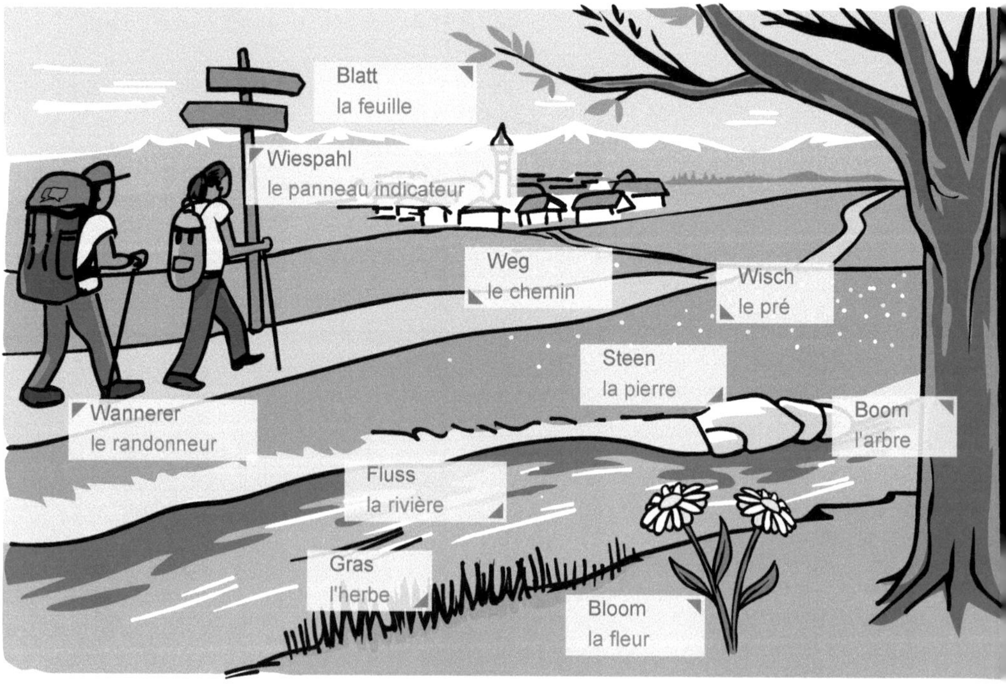

Blatt
la feuille

Wiespahl
le panneau indicateur

Weg
le chemin

Wisch
le pré

Steen
la pierre

Boom
l'arbre

Wannerer
le randonneur

Fluss
la rivière

Gras
l'herbe

Bloom
la fleur

Daal

la vallée

Barg

la montagne

See

le lac

Holt

la forêt

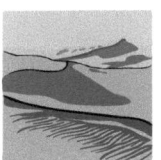

Wööst

le désert

Füerspien Barg

le volcan

Slott

le château

Regenbagen

l'arc-en-ciel

Poggenstohl

le champignon

Palm

le palmier

Steekmück

le moustique

Fleeg

la mouche

Miegeemk

les fourmis

Imm

l'abeille

Spinn

l'araignée

Sebber

le coléoptère

Pogg

la grenouille

Katteker

l'écureuil

Swienegel

le hérisson

Haas

le lièvre

Uul

la chouette

Vagel

l'oiseau

Swaan

le cygne

Wildswien

le sanglier

Hirsch

le cerf

Elk

l'élan

Staudamm

le barrage

Windrad

l'éolienne

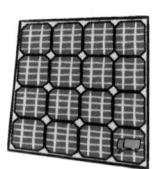

Solarmodul

le panneau solaire

Klima

le climat

Spieslokal

le restaurant

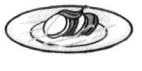

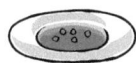

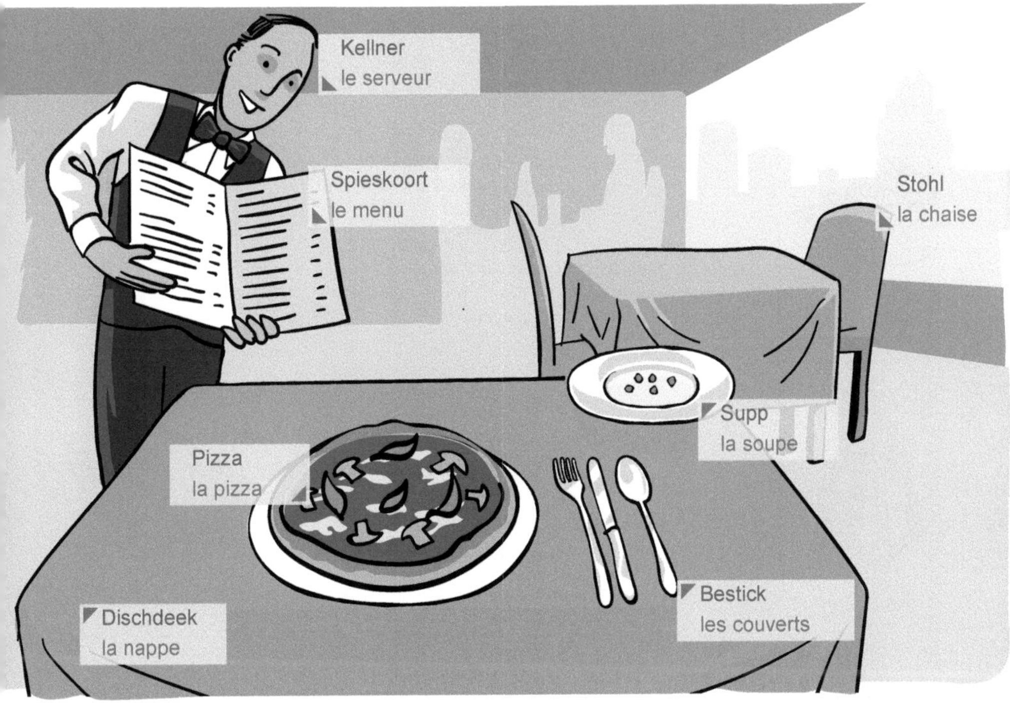

Kellner
le serveur
Spieskoort
le menu
Stohl
la chaise
Supp
la soupe
Pizza
la pizza
Bestick
les couverts
Dischdeek
la nappe

Vörspies

les hors d'œuvre

Haupteten

le plat principal

Nadisch

le dessert

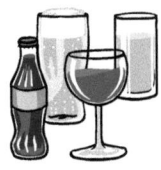

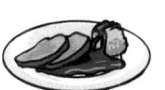

Drünk

les boissons

Eten

l'alimentation

Buddel

la bouteille

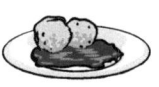

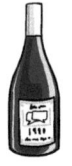

Fastfood

le fast-food

Strateneten

les plats à emporter

Teekann

la théière

Zuckerdoos

le sucrier

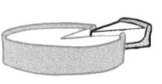

Portschoon

la portion

Espressomaschien

la machine à expresso

Hoochstohl

la chaise haute

Reken

la facture

Tablett

le plateau

Mess

le couteau

Gavel

la fourchette

Lepel

la cuillère

Teelepel

la cuillère à thé

Munddook

la serviette

Glas

le verre

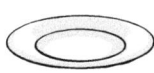

Töller
l'assiette

Suppentöller
l'assiette à soupe

Ünnertass
la soucoupe

Sooß
la sauce

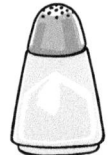

Soltstreuer
la salière

Pepermöhl
le moulin à poivre

Etig
le vinaigre

Ööl
l'huile

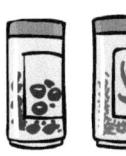

Krüder
les épices

Ketchup
le ketchup

Mostrich
la moutarde

Mayonnaise
la mayonnaise

Supermarkt
le supermarché

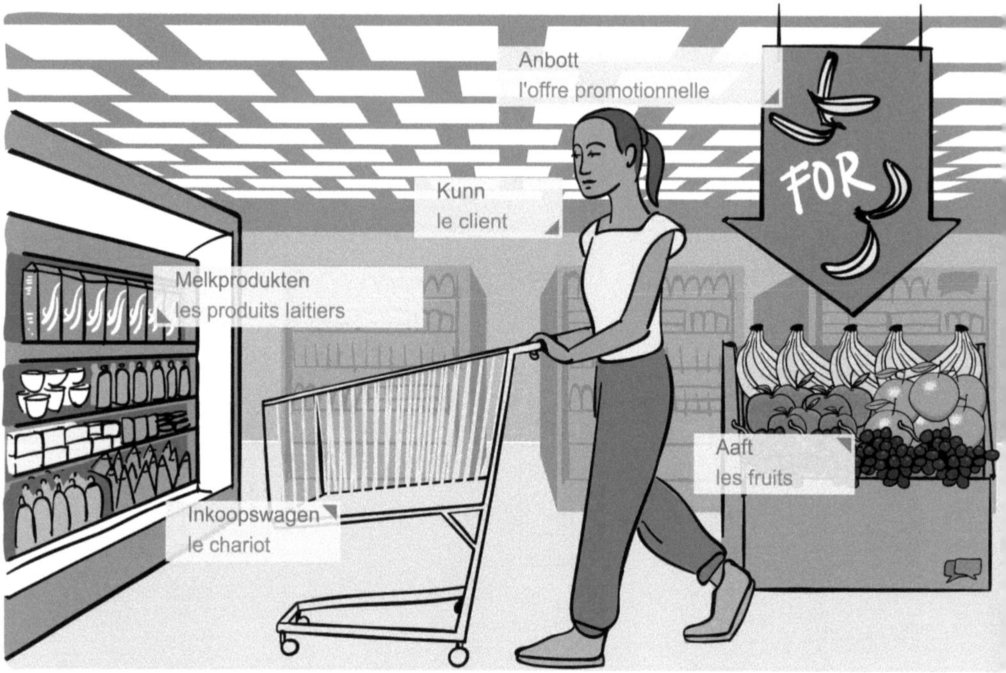
Anbott
l'offre promotionnelle
Kunn
le client
FOR
Melkprodukten
les produits laitiers
Aaft
les fruits
Inkoopswagen
le chariot

BUTCHERS

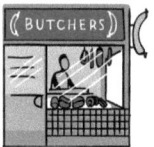

Slachterie

la boucherie

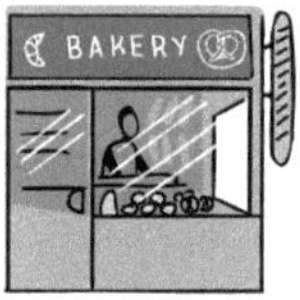
BAKERY

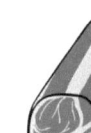

Bäckerie

la boulangerie

wegen

peser

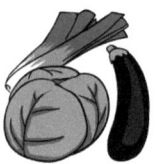

Gröönsaken

les légumes

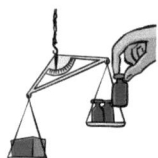

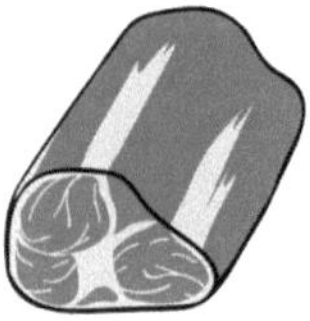

Fleesch

la viande

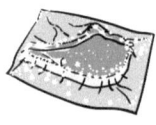

Deepköhlkost

les aliments surgelés

Opsnitt
la charcuterie

Konserven
les conserves

Waschmiddel
la poudre à lessive

Snoopkraam
les bonbons

Huushooltssaken
les articles ménagers

Reinmaaktüüch
les détergents

Verköpersche
la vendeuse

Kass
la caisse

Kasserer
le caissier

Inkoopslist
la liste d'achats

Opsparrtieden
les heures d'ouverture

Breeftasch
le portefeuille

Kreditkoort
la carte de crédit

Tasch
le sac

Plastiktüüt
le sac en plastique

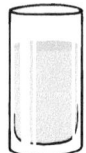

Water

l'eau

Saft

le jus de fruit

Melk

le lait

Cola

le coca

Wien

le vin

Beer

la bière

Spriet

l'alcool

Kakao

le chocolat chaud

Tee

le thé

Koffie

le café

Espresso

l'expresso

Cappucino

le cappuccino

Banaan

la banane

Appel

la pomme

Appelsien

l'orange

Meloon

le melon

Zitroon

le citron.

Wöttel

la carotte

Knuuvlook

l'ail

Bambus

le bambou

Zibbel

l'oignon

Poggenstohl

le champignon

Nööt

les noisettes

Nudeln

les pâtes

Spaghetti

les spaghetti

Ries

le riz

Salat

la salade

Pommes frites

les pommes frites

Braadkantüffeln

les pommes de terre rôties

Pizza

la pizza

Hamborger

le hamburger

Sandwich

le sandwich

Snitzel

l'escalope

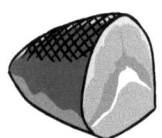

Schinken

le jambon

Salami

le salami

Wust

la saucisse

Hohn

le poulet

Braden

le rôti

Fisch

le poisson

Haverflocken

les flocons d'avoine

Müsli

le muesli

Cornflakes

les cornflakes

Mehl

la farine

Croissant

le croissant

Rundstück

les petits-pains

Broot

le pain

Toast

le pain grillé

Keksen

les biscuits

Botter

le beurre

Quark

le fromage blanc

Koken

le gâteau

Ei

l'œuf

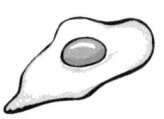

Spegelei

l'œuf au plat

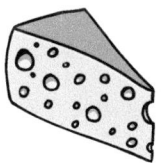

Kees

le fromage

les
....

la glace

Zucker
....

le sucre

Honnig
....

le miel

Marmelaad
....

la confiture

Nougat-Creme
....

la crème nougat

Curry
....

le curry

Buernhoff
la ferme

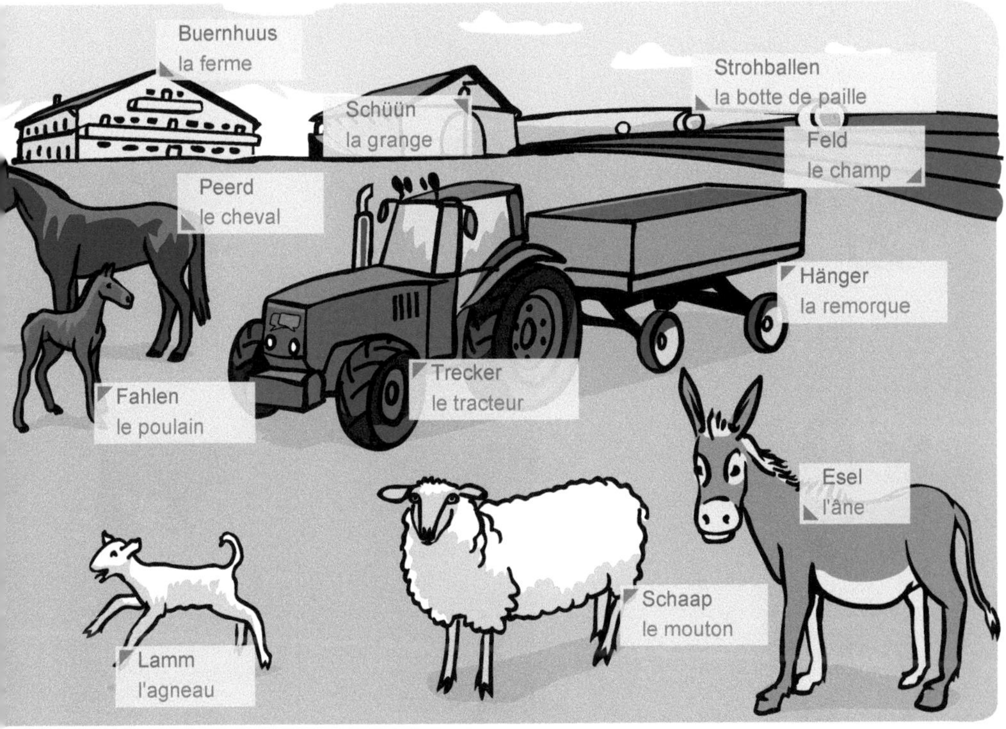
Buernhuus
la ferme
Strohballen
la botte de paille
Schüün
la grange
Feld
le champ
Peerd
le cheval
Hänger
la remorque
Trecker
le tracteur
Fahlen
le poulain
Esel
l'âne
Schaap
le mouton
Lamm
l'agneau

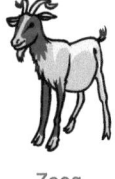

Zeeg
la chèvre

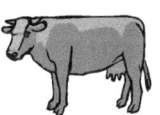

Koh
la vache

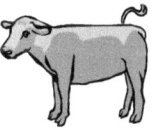

Kalf
le veau

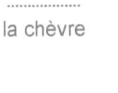

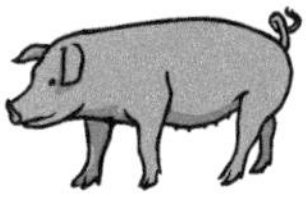
Swien
le porc

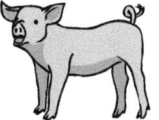

Farken
le porcelet

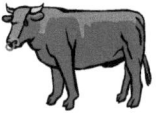

Bull
le taureau

Goos

l'oie

Aant

le canard

Küken

le poussin

Hohn

la poule

Hahn

le coq

Rott

le rat

Katt

le chat

Muus

la souris

Oss

le bœuf

Hund

le chien

Hunnenhütt

le chenil

Goornslauch

le tuyau de jardin

Geetkann

l'arrosoir

Lee

la faucheuse

Ploog

la charrue

Sich
la faucille

Hack
la pioche

Mestfork
la fourche

Ext
la hache

Schuufkoor
la brouette

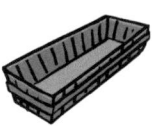

Trog
la cuve

Melkkann
le pot à lait

Sack
le sac

Tuun
la clôture

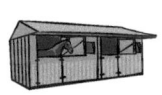

Stall
l'étable

Drievhuus
le serre

Bodden
le sol

Saat
les semences

Dünger
l'engrais

Meihdöscher
la moissonneuse-batteuse

oornen

récolter

Oorn

la récolte

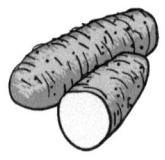

Yamswöttel

l'igname

Weten

le blé

Soja

le soja

Kantüffel

la pomme de terre

Törksche Weten

le maïs

Rapp

le colza

Aaftboom

l'arbre fruitier

Troopsch Kantüffel

le manioc

Koorn

les céréales

la maison

Schosteen
la cheminée

Dack
le toit

Regenrönn
la gouttière

Finster
la fenêtre

Garaasch
le garage

Dörklock
la sonnette

Döör
la porte

Müllemmer
la poubelle

Breefkassen
la boîte aux lettres

Goorn
le jardin

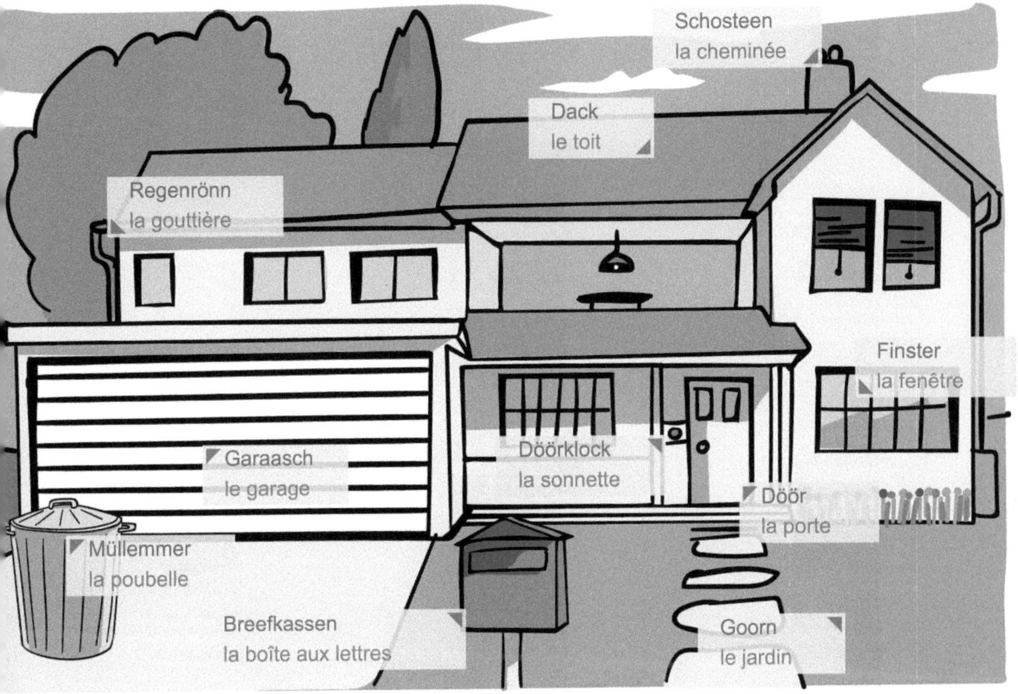

Wahnstuuv

le salon

Baadstuuv

la salle de bain

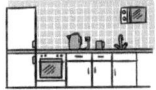

Köök

la cuisine

Slaapstuuv

la chambre à coucher

Kinnerstuuv

la chambre d'enfant

Eetstuuv

la salle à manger

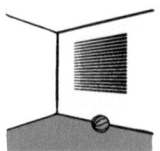

Footbodden

le sol

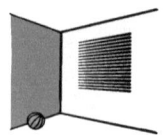

Wand

le mur

Deek

le plafond

Keller

la cave

Hittluftbad

le sauna

Balkon

le balcon

Terrass

la terrasse

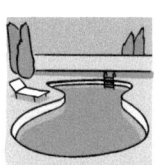

Swümmbad

la piscine

Rasenmeiher

la tondeuse à gazon

Bettbetog

la housse

Bettdeek

la couette

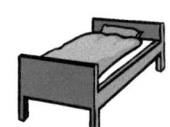

Puuch

le lit

Bessen

le balai

Emmer

le sceau

Schalter

l'interrupteur

Huus - la maison

Wahnstuuv
le salon

Tapeet
le papier peint
Bild
l'image
Lamp
la lampe
Regal
l'étagère
Schapp
l'armoire
Kiekkassen
la télé
Kamin
la cheminée
Bloom
la fleur
Küssen
le coussin
Sofa
le sofa
Vaas
le vase
Feernbedenen
la télécommande

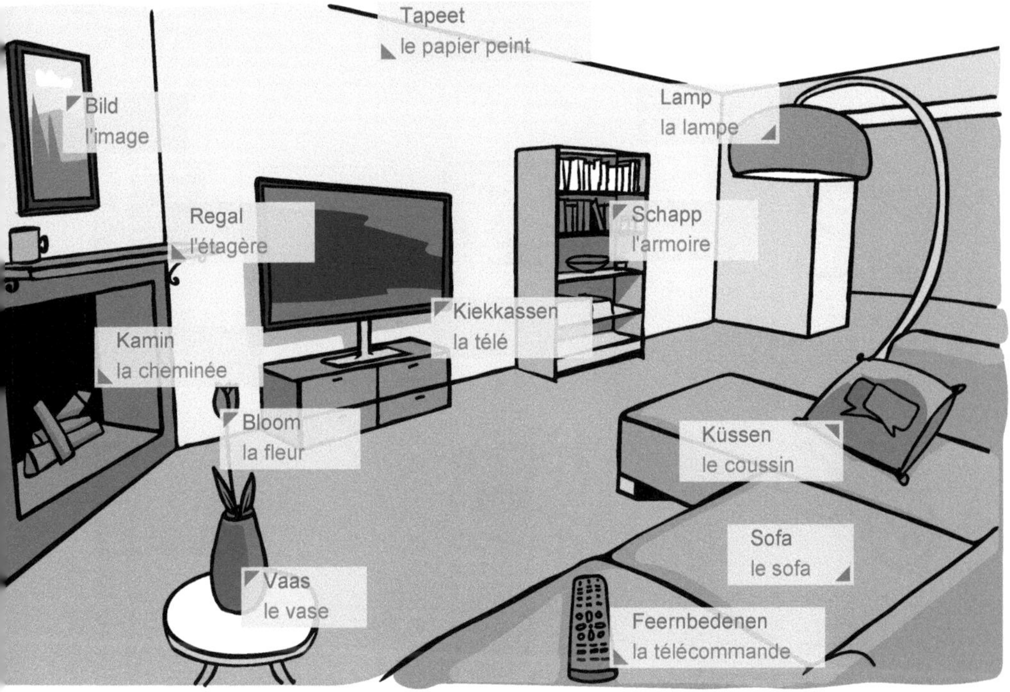

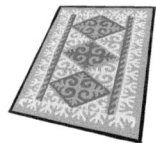

Teppich

le tapis

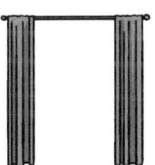

Vörhang

le rideau

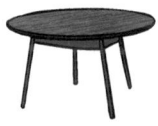

Disch

la table

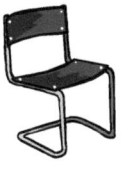

Stohl

la chaise

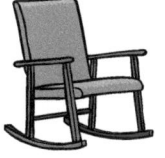

Schuckelstohl

la chaise à bascule

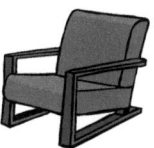

Sessel

le fauteuil

Book
le livre

Deek
la couverture

Dekoratschoon
la décoration

Füerholt
le bois de chauffage

Film
le film

Stereoanlaag
la chaîne hi-fi

Slötel
la clé

Narichtenblatt
le journal

Gemälde
la peinture

Poster
le poster

Radio
la radio

Opschrievblock
le bloc-notes

Huulbessen
l'aspirateur

Kaktus
le cactus

Kars
la bougie

Köök
la cuisine

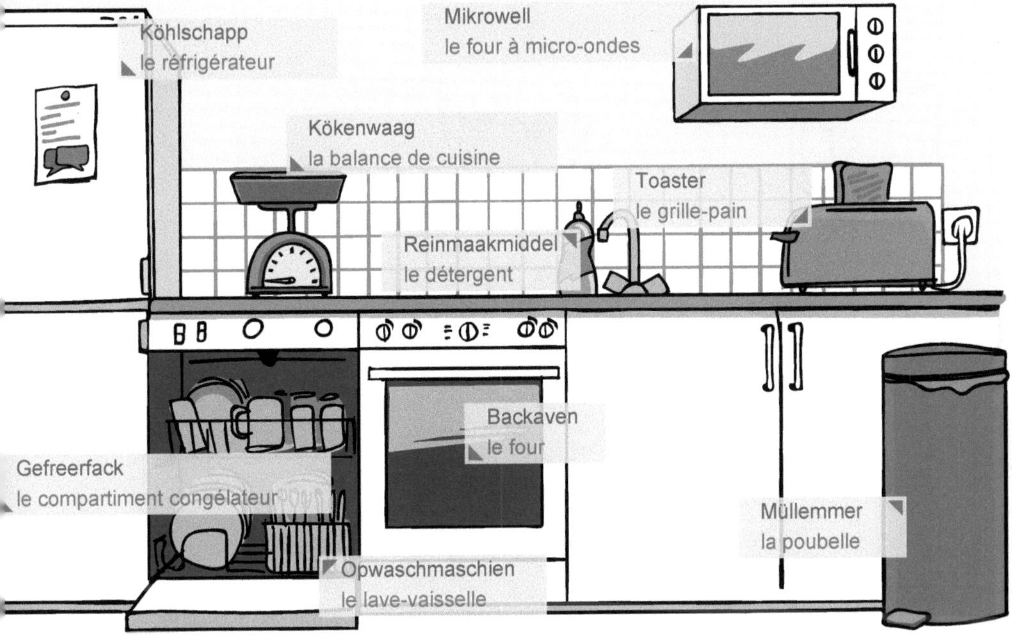
Köhlschapp
le réfrigérateur
Mikrowell
le four à micro-ondes
Kökenwaag
la balance de cuisine
Toaster
le grille-pain
Reinmaakmiddel
le détergent
Backaven
le four
Gefreerfack
le compartiment congélateur
Müllemmer
la poubelle
Opwaschmaschien
le lave-vaisselle

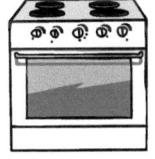

Heerd

le four

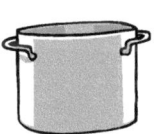

Pott

la casserole

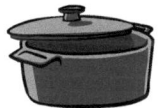

Gussiesern Putt

la marmite

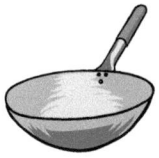

Wok / Kadai

le wok / kadai

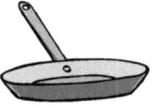

Pann

la poêle

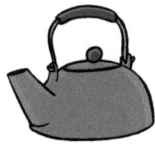

Waterkaker

la bouilloire electrique

Dampkaakputt

le cuiseur vapeur

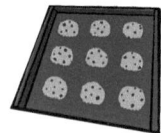

Backblick

la plaque de cuisson

Geschirr

la vaisselle

Beker

le gobelet

Schaal

la coupe

Eetsticken

les baguettes

Suppenkell

la louche

Pannenwenner

la spatule

Sneebessen

le fouet

Kaakseef

la passoire

Seef

le tamis

Riev

la râpe

Mörser

le mortier

Grill

le barbecue

Füerstell

la cheminée

Sniedbrett

la planche à découper

Nudelholt

le rouleau à pâtisserie

Proppentrecker

le tire-bouchon

Doos

la boîte

Dosenaapner

l'ouvre-boîte

Pottlappen

les maniques

Waschbecken

le lavabo

Böst

la brosse

Swamm

l'éponge

Mixer

le mixeur

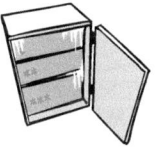

Iesschapp

le congélateur

Nuckelbuddel

le biberon

Waterhahn

le robinet

Baadstuuv
la salle de bain

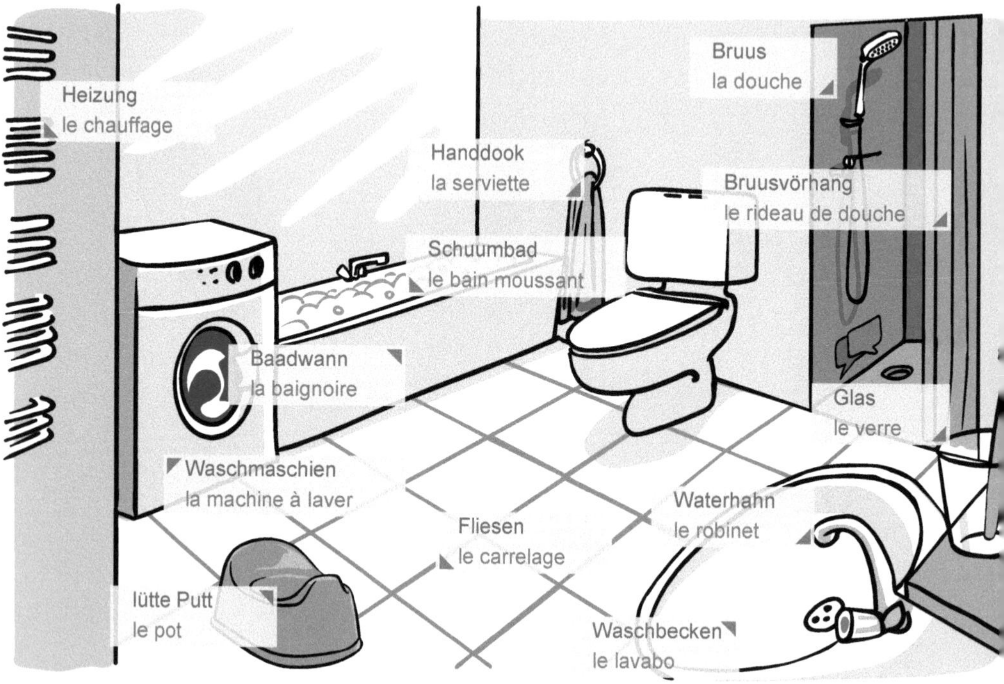

Heizung
le chauffage
Handdook
la serviette
Bruus
la douche
Bruusvörhang
le rideau de douche
Schuumbad
le bain moussant
Baadwann
la baignoire
Waschmaschien
la machine à laver
Glas
le verre
Waterhahn
le robinet
Fliesen
le carrelage
lütte Putt
le pot
Waschbecken
le lavabo

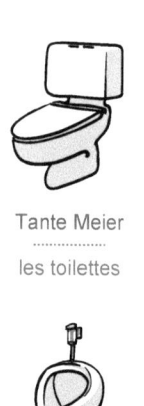

Tante Meier

les toilettes

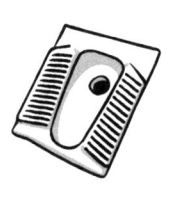

Hockklo

la toilette à la turque

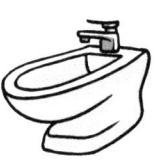

Bidet

le bidet

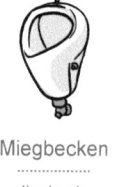

Miegbecken

l'urinoir

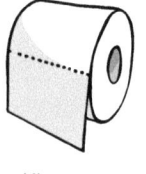

Klopapeer

le papier toilette

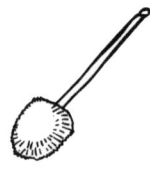

Kloböst

la brosse à toilette

Tähnböst

la brosse à dents

Tähnpast

le dentifrice

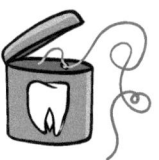

Tähnsied

le fil dentaire

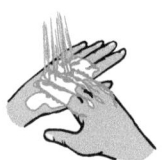

waschen

laver

Handbruus

la douche manuelle

Intimbruus

la douche intime

Waschschöttel

la vasque

Rüchböst

la brosse dorsale

Seep

le savon

Bruusgeel

le gel douche

Hoorwaschmiddel

le shampooing

Waschlappen

le gant de toilette

Afloop

l'écoulement

Creme

la crème

Deodorant

le déodorant

Spegel

le miroir

Kosmetikspegel

le miroir cosmétique

Raserer

le rasoir

Raseerschuum

la mousse à raser

Raseerwater

l'après-rasage

Kamm

la peigne

Böst

la brosse

Hoordröger

le sèche-cheveux

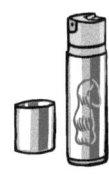

Hoorspray

la laque pour cheveux

Smink

le fond de teint

Lippensticken

le rouge à lèvres

Nagellack

le vernis à ongles

Watt

l'ouate

Nagelscheer

le coupe-ongles

Rüükwater

le parfum

Kulturbüdel

la trousse de toilette

Schemel

le tabouret

Waag

le pèse-personne

Baadmantel

le peignoir

Gummihanschen

les gants de nettoyage

Tampon

le tampon

Damenbinn

s serviettes hygiéniques

Chemieklo

la toilette chimique

Kinnerstuuv
la chambre d'enfant

Wecker
le réveil
Knudeldeert
le doudou
Speeltüüchauto
la voiture jouet
Klöter
le hochet
Poppenhuus
la maison de poupée
Geschenk
le cadeau

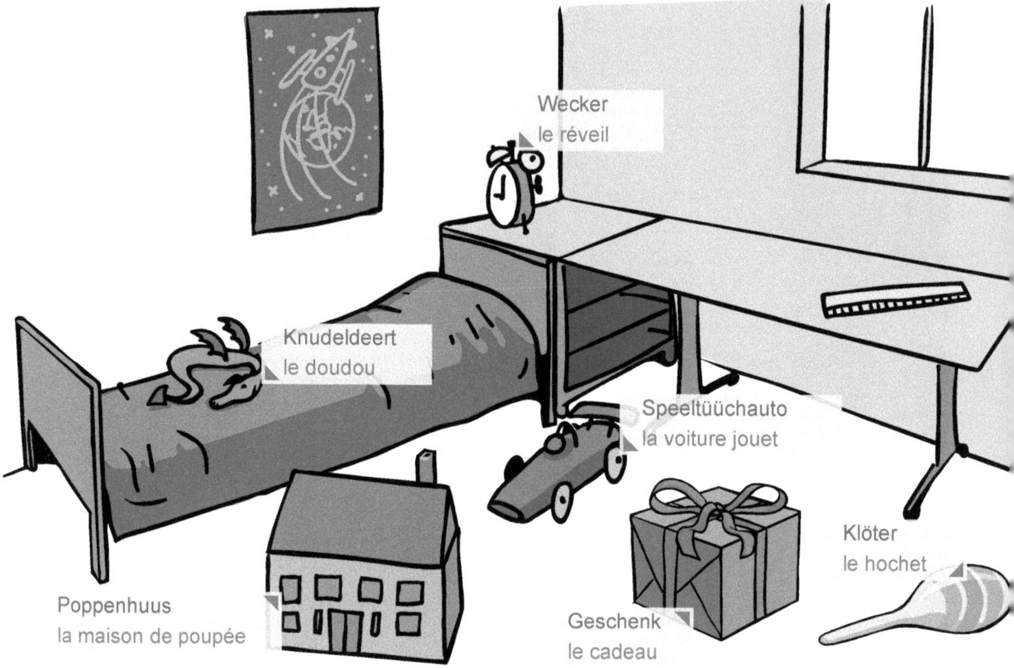

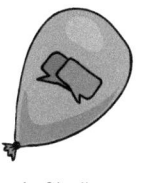

Luftballon
le ballon

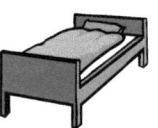

Puuch
le lit

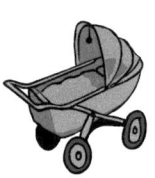

Kinnerwagen
la poussette

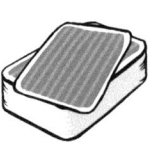

Koortenspeel
le jeu de cartes

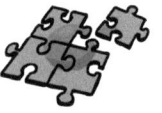

Puzzle
le puzzle

SUPER
MEGA
Billergeschicht
la bande dessinée

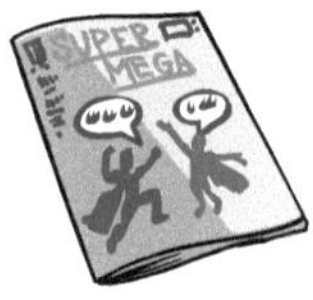

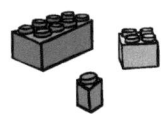

Legostenen

les pièces lego

Bustenen

les blocs de construction

Action-Figur

la figurine

Strampelantog

la grenouillère

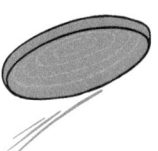

Frisbeeschiev

le frisbee

Mobile

le mobile

Brettspeel

le jeu de société

Wörpel

le dé

Modelliesenbahn

le train miniature

Snuller

la sucette

Party

la fête

Billerbook

le livre d'images

Ball

la balle

Popp

la poupée

spelen

jouer

Sandkassen

le bac à sable

Schuckel

la balançoire

Speeltüüch

les jouets

Speelkonsool

la console de jeu

Dreerad

le tricycle

Teddyboor

l'ours en peluche

Klederschapp

l'armoire

Tüüch
les vêtements

Socken

les chaussettes

Strümp

les bas

Strumpbüx

le collant

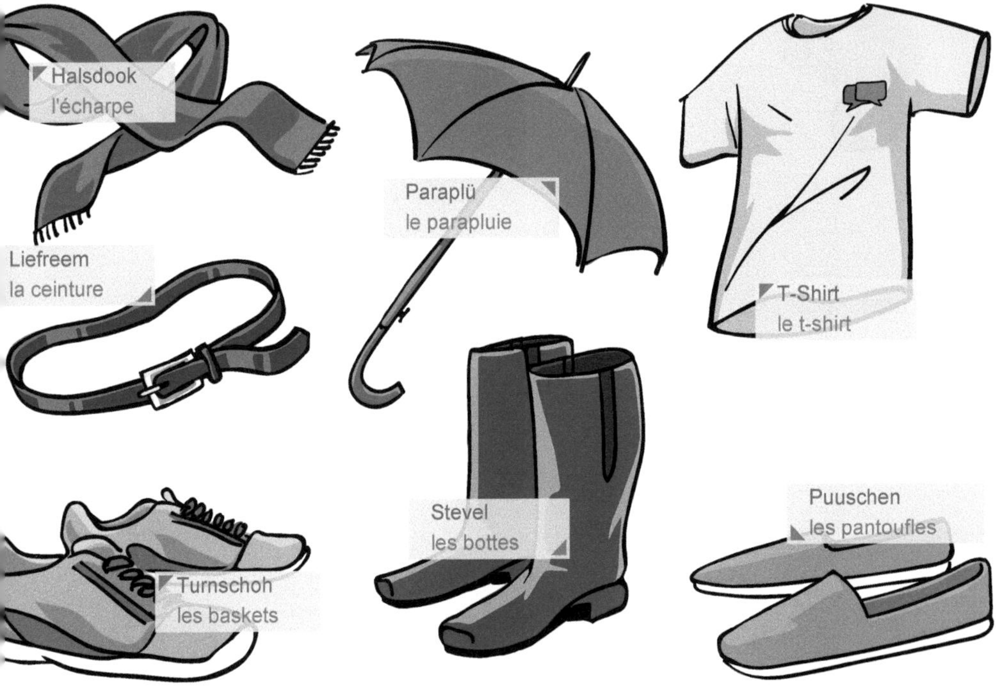

Halsdook
l'écharpe

Liefreem
la ceinture

Paraplü
le parapluie

T-Shirt
le t-shirt

Turnschoh
les baskets

Stevel
les bottes

Puuschen
les pantoufles

Sandalen
....
les sandales

Schoh
....
les chaussures

Gummistevel
....
les bottes de caoutchouc

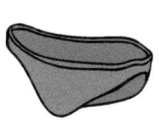

Ünnerbüx
....
les sous-vêtements

Bostholler
....
le soutien-gorge

Ünnerhemd
....
le maillot de corps

Tüüch - les vêtements   45

Lief

le body

Büx

le pantalon

Jeansnüx

le jean

Rock

la jupe

Bluus

le chemisier

Hemd

la chemise

Pullover

le pull

Kapuzenpullover

le sweat à capuche

Blazer

la veste

Jack

la veste

Mantel

le manteau

Övertrecker

l'imperméable

Kostüm

le costume

Kleed

la robe

Hochtietskleed

la robe de mariée

Antog

le costume

Nachtkleed

la chemise de nuit

Slaapantog

le pyjama

Sari

le sari

Koppdook

le foulard

Turban

le turban

Burka

la burqa

Kaftan

le caftan

Abaya

l'abaya

Baadantog

le maillot de bain

Baadbüx

le maillot de bain

Korte Büx

le short

Antog to'n Öven

la tenue d'entraînement

Schört

le tablier

Handschoh

les gants

Knopp

le bouton

Brill

les lunettes

Armband

le bracelet

Halskeed

le collier

Ring

la bague

Ohrbummel

la boucle d'oreille

Mütz

le bonnet

Klederbögel

le cintre

Hoot

le chapeau

Binner

la cravate

Rietslüter

la fermeture éclair

Helm

le casque

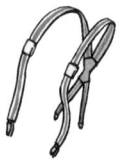

Drachtband

les bretelles

Schooluniform

l'uniforme scolaire

Uniform

l'uniforme

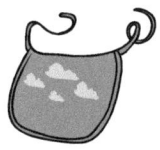

Severböten

le bavoir

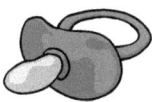

Snuller

la sucette

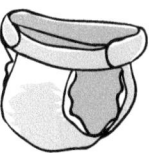

Winnel

la lange

Büro

le bureau

Server
le serveur
Aktenschapp
l'armoire d'archivage
Drucker
l'imprimante
Bildschirm
l'écran
Papeer
le papier
Schrievdisch
le bureau
Muus
la souris
Orner
le classeur
Knoopboord
le clavier
Papeerkorf
la corbeille à papier
Computer
l'ordinateur
Stohl
la chaise

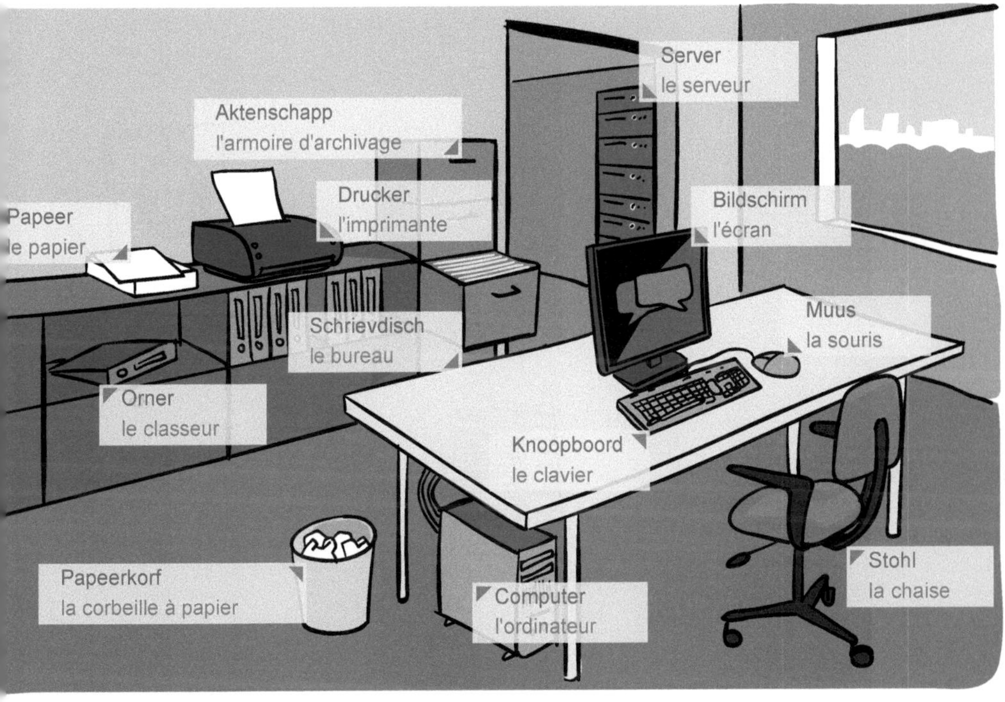

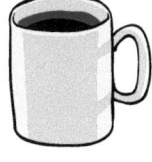

Koffiebeker

la tasse de café

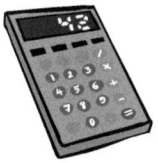

Taschenreekner

la calculatrice

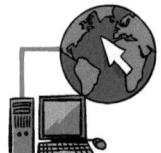

Internet

l'internet

Klappreekner

l'ordinateur portable

Breef

la lettre

Naricht

le message

Ackersnacker

le portable

Nettwark

le réseau

Kopeerapparat

la photocopieuse

Software

le logiciel

Klöönkassen

le téléphone

Steekdoos

la prise

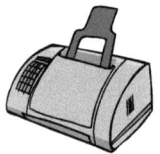

Faxapparat

le fax

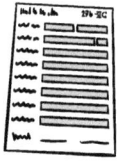

Formulor

le formulaire

Dokument

le document

köpen

acheter

betahlen

payer

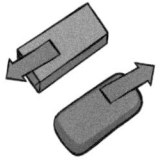

hanneln

faire du commerce

Geld

la monnaie

Dollar

le dollar

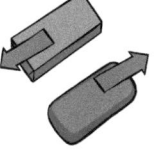

Euro

l'euro

Yen

le yen

Ruvel

le rouble

Swiezer Franken

le franc suisse

Renminbi Yuan

le renminbi yuan

Rupie

la roupie

Geldautomat

le distributeur automatique

Wesselstuuv

le bureau de change

Gold

l'or

Sülver

l'argent

Ööl

le pétrole

Energie

l'énergie

Pries

le prix

Verdrag

le contrat

Stüer

la taxe

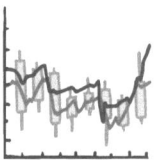

Andeelschien

l'action

arbeiden

travailler

Anstellte

l'employé

Arbeitgever

l'employeur

Fabrik

l'usine

Hökerie

le magasin

Profeschonen
les professions

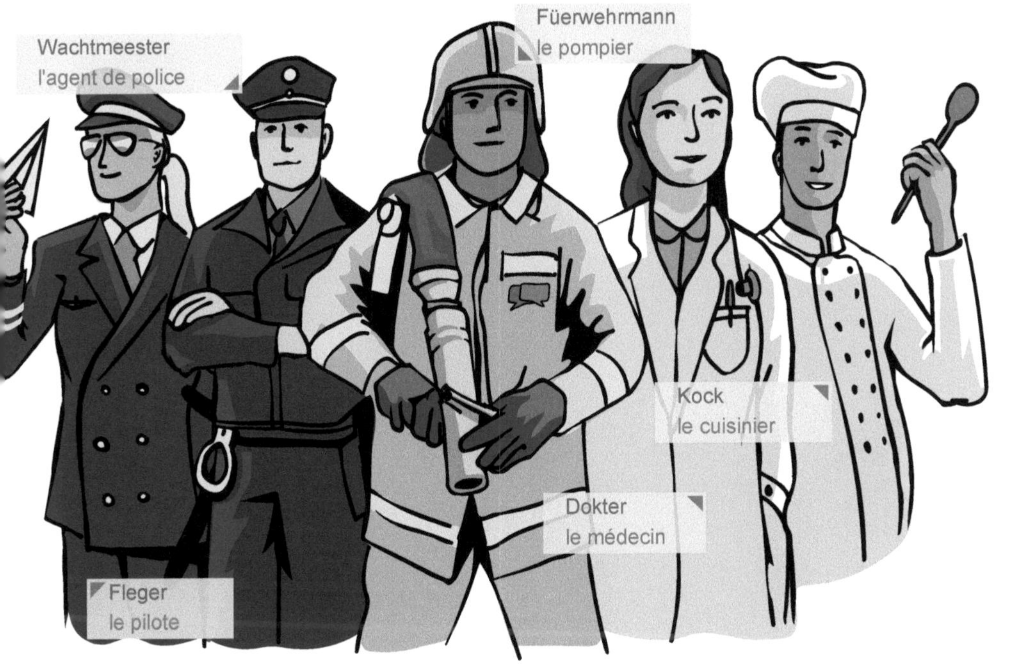
Wachtmeester
l'agent de police
Füerwehrmann
le pompier
Kock
le cuisinier
Dokter
le médecin
Fleger
le pilote

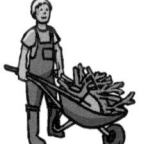

Goorner

le jardinier

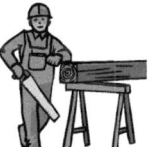

Discher

le menuisier

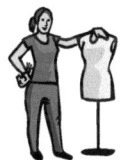

Neihersche

la couturière

Richter

le juge

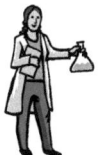

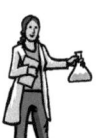

Chemiker

le chimiste

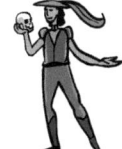

Schauspeler

l'acteur

Busfohrer

le conducteur de bus

Taxifohrer

le chauffeur de taxi

Fischer

le pêcheur

Reinmaakfru

la femme de ménage

Dackdecker

le couvreur

Kellner

le serveur

Jäger

le chasseur

Maler

le peintre

Bäcker

le boulanger

Elektriker

l'électricien

Buarbeider

l'ouvrier

Ingenieur

l'ingénieur

Slachter

le boucher

Klempner

le plombier

Postbüdel

le facteur

Suldat

le soldat

Architekt

l'architecte

Kasserer

le caissier

Florist

le fleuriste

Putzbüdel

le coiffeur

Schaffner

le contrôleur

Mechaniker

le mécanicien

Kaptein

le capitaine

Tähndokter

le dentiste

Wetenschopler

le scientifique

Rabbi

le rabbin

Imam

l'imam

Mönk

le moine

Paap

le prêtre

Warktüüch
les outils

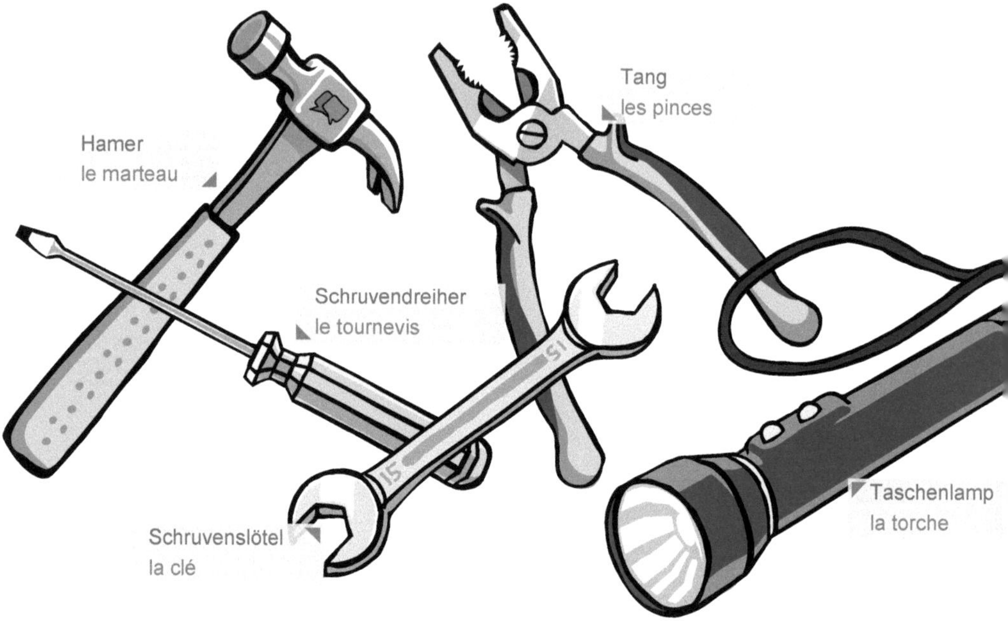

Hamer
le marteau
Tang
les pinces
Schruvendreiher
le tournevis
Schruvenslötel
la clé
Taschenlamp
la torche

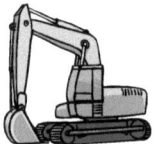

Grieper

la pelleteuse

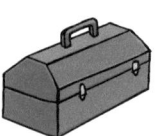

Warktüüchkassen

la boîte à outils

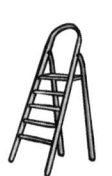

Ledder

l'échelle

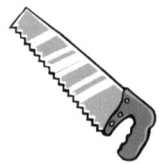

Saag

la scie

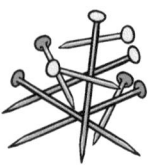

Nagels

les clous

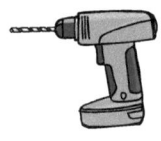

Bohrer

la perceuse

heelmaken
....
réparer

Schüffel
....
la pelle

Schiet!
....
Mince !

Kehrblick
....
la pelle

Farvpott
....
le pot de peinture

Schruven
....
les vis

Musikinstrumenten
les instruments de musique

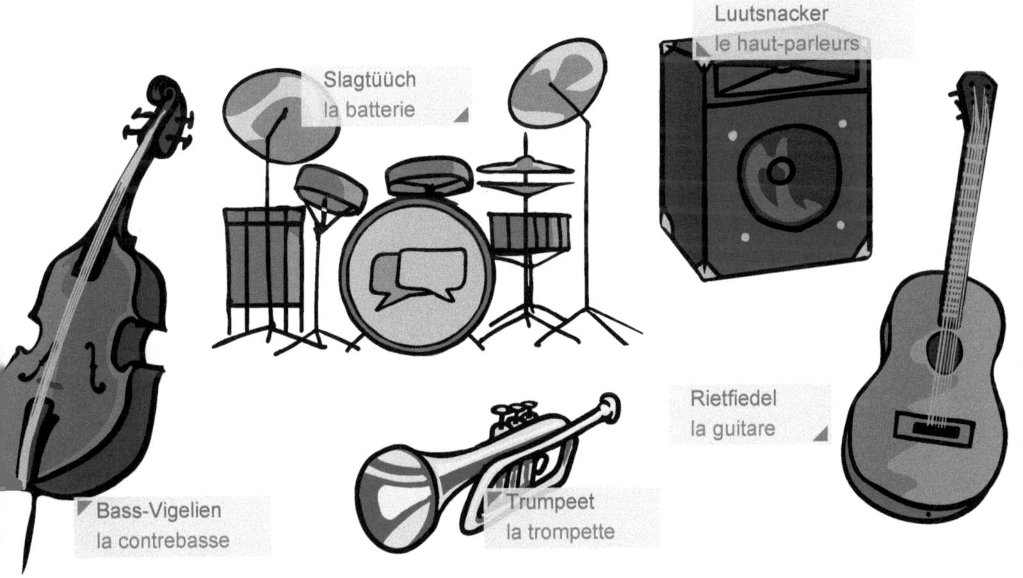

Slagtüüch
la batterie

Luutsnacker
le haut-parleurs

Rietfiedel
la guitare

Bass-Vigelien
la contrebasse

Trumpeet
la trompette

Klaveer

le piano

Vigelien

le violon

Bass

la basse

Pauk

les timbales

Trummeln

le tambour

Keyboard

le piano électrique

Saxophon

le saxophone

Fleut

la flûte

Mikrofoon

le microphone

Deertenpark

le zoo

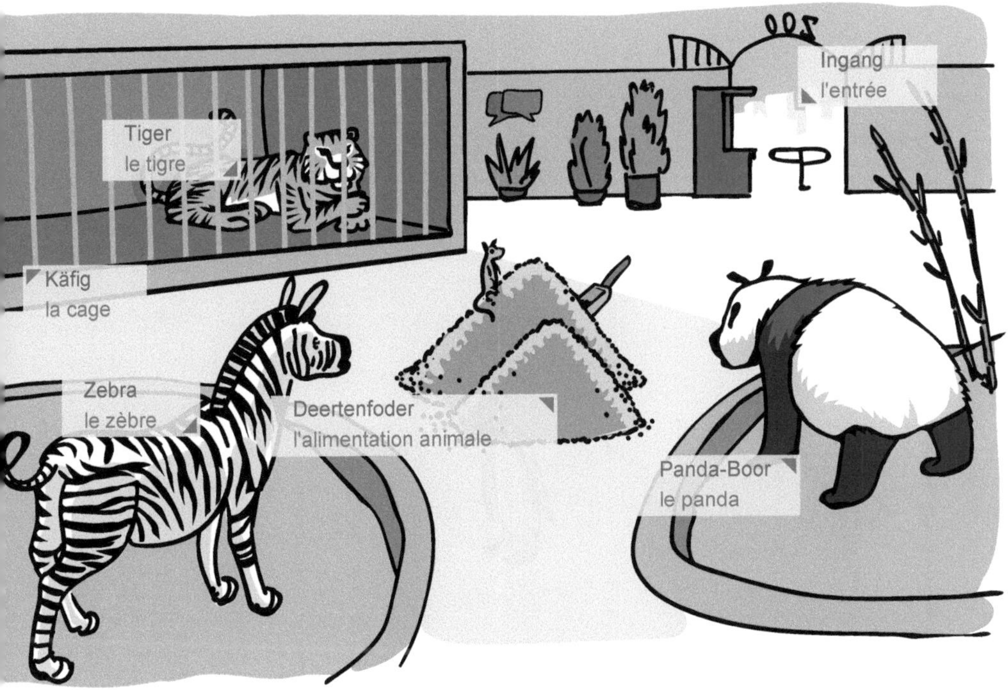
ZOO
Ingang
l'entrée
Tiger
le tigre
Käfig
la cage
Zebra
le zèbre
Deertenfoder
l'alimentation animale
Panda-Boor
le panda

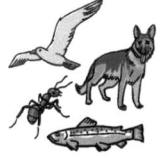

Deerten

les animaux

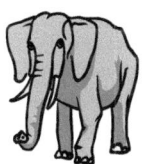

Elefant

l'éléphant

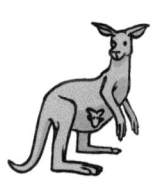

Känguru

le kangourou

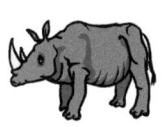

Neeshoorn

le rhinocéros

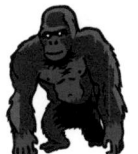

Gorilla

le gorille

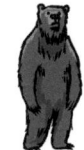

Boor

l'ours

Kameel

le chameau

Struuß

l'autruche

Lööv

le lion

Aap

le singe

Flamingo

le flamand rose

Papagoi

le perroquet

Iesboor

l'ours polaire

Pinguin

le pingouin

Haifisch

le requin

Pageluun

le paon

Slang

le serpent

Krokodil

le crocodile

Oppasser in'n Deertenpark

le gardien de zoo

Saalhund

le phoque

Jaguor

le jaguar

Pony
le poney

Leopard
le léopard

Nilpeerd
l'hippopotame

Giraff
la girafe

Aadler
l'aigle

Wildswien
le sanglier

Fisch
le poisson

Schildkrööt
la tortue

Walross
le morse

Voss
le renard

Gazell
la gazelle

Amerikaansch Football
l'american Football

Radfohren
le cyclisme

Tennis
le tennis

Korfball
le basket-ball

Swümmen
la natation

Boxen
la boxe

Ieshockey
le hockey sur glace

Football
le football

Fedderball
le badminton

Leichtathletik
l'athlétisme

Handball
le handball

Skilopen
le ski

Polo
le polo

Aktivitäten
les activités

lachen
rire
springen
sauter
ümarmen
embrasser
gahn
marcher
singen
chanter
drömen
rêver
beden
prier
snuteln
faire la bise

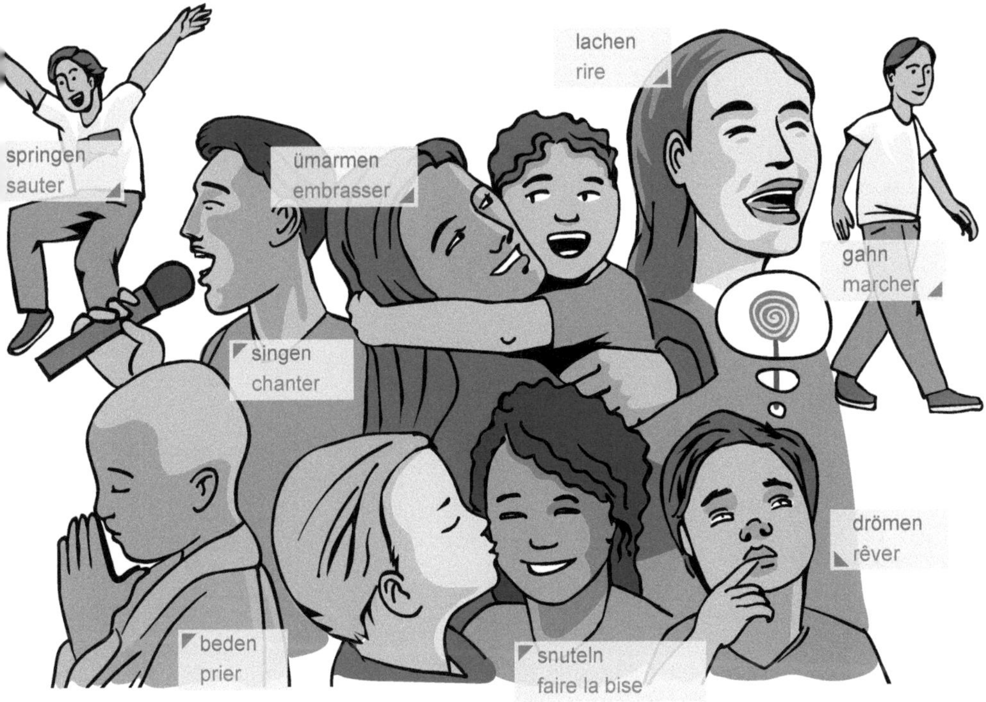

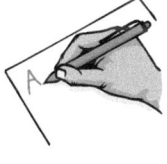

schrieven

écrire

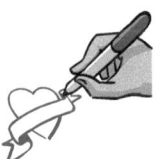

teken

dessiner

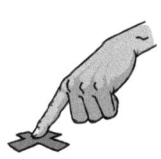

wiesen

montrer

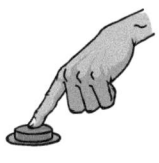

drücken

pousser

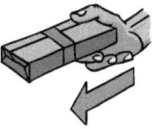

geven

donner

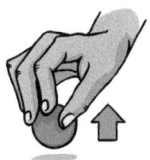

nehmen

prendre

hebben
avoir

doon
faire

sien
être

stahn
être debout

lopen
courir

trecken
trier

smieten
jeter

fallen
tomber

liggen
être couché

töven
attendre

dregen
porter

sitten
être assis

antrecken
s'habiller

slapen
dormir

opwaken
se réveiller

ankieken

regarder

wenen

pleurer

eien

caresser

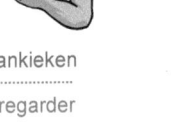

kämmen

peigner

snacken

parler

verstahn

comprendre

fragen

demander

hören

écouter

drinken

boire

eten

manger

oprümen

ranger

leefhebben

aimer

kaken

cuire

fohren

conduire

flegen

voler

segeln

faire de la voile

reken

calculer

lesen

lire

lehren

apprendre

arbeiden

travailler

de Plünnen tohoopsmieten

se marier

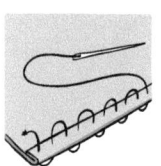

neihen

coudre

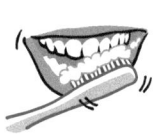

Tähnen putzen

brosser les dents

dootmaken

tuer

smöken

fumer

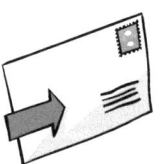

schicken

envoyer

Grootmoder
grand-mère

Grootvadder
le grand-père

Vadder
le père

Moder
la mère

Winnelkind
le bébé

Dochter
la fille

Söhn
le fils

Gast

l'hôte

Tant

la tante

Unkel

l'oncle

Broder

le frère

Süster

la sœur

Lief

le corps

Vörkopp
le front
Oog
l'œil
Schuller
l'épaule
Finger
le doigt
Gesicht
le visage
Kinn
le menton
Hand
la main
Been
la jambe
Bost
la poitrine
Arm
le bras

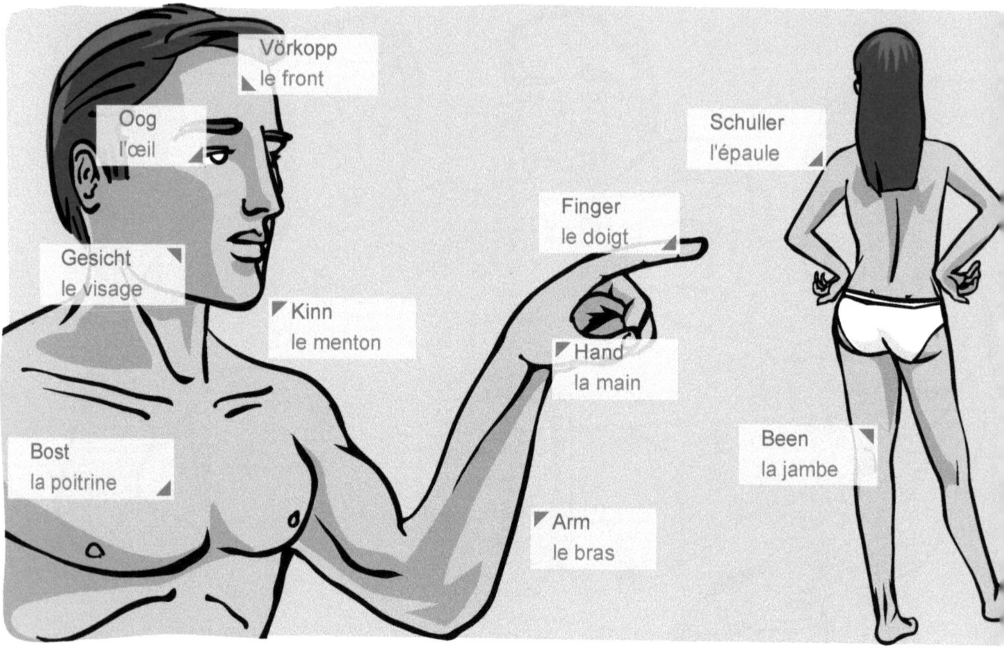

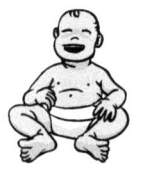

Winnelkind

le bébé

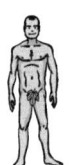

Mann

l'homme

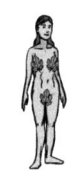

Fro

la femme

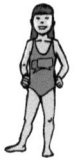

Deern

la fille

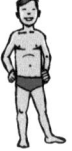

Jung

le garçon

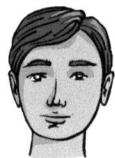

Arm

la tête

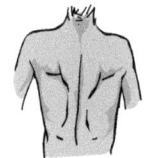

Rüch

le dos

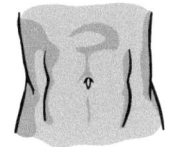

Buuk

le ventre

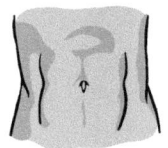

Navel

le nombril

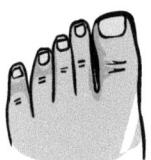

Teh

l'orteil

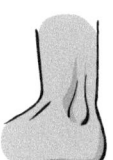

Hack

le talon

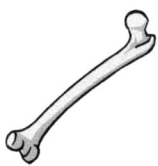

Knaken

l'os

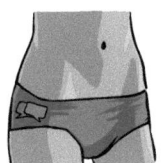

Hüft

la hanche

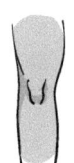

Knee

le genou

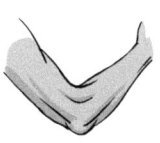

Ellbagen

le coude

Nees

le nez

Achtersen

les fesses

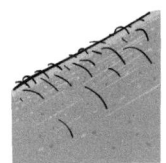

Huut

la peau

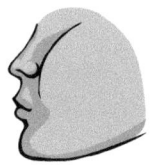

Back

la joue

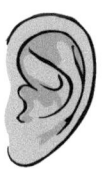

Ohr

l'oreille

Lipp

la lèvre

Mund

la bouche

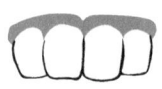

Tähn

la dent

Tung

la langue

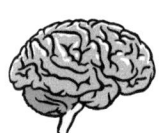

Bregen

le cerveau

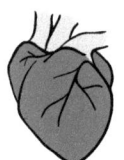

Hart

le cœur

Muskel

le muscle

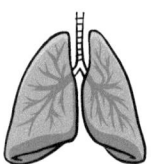

Lung

les poumons

Lever

le foie

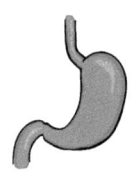

Maag

l'estomac

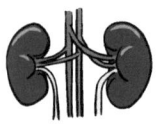

Neren

les reins

Bislaap

le rapport sexuel

Kondoom

le préservatif

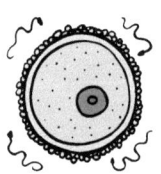

Eizell

l'ovule

Sperma

le sperme

Anner Ümstänn

la grossesse

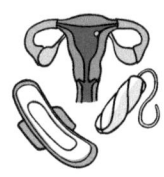

Menstruatschoon
....
la menstruation

Scheed
....
le vagin

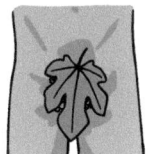

Pint
....
le pénis

Ogenbroe
....
le sourcil

Hoor
....
les cheveux

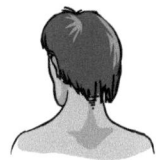

Hals
....
le cou

Krankenhuus
l'hôpital

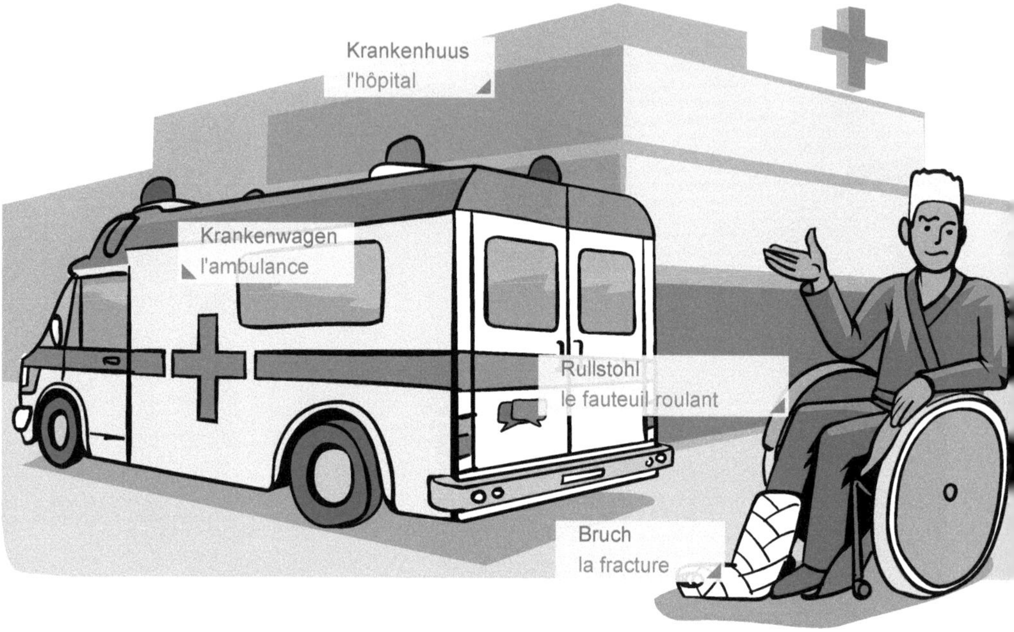

Krankenhuus
l'hôpital
Krankenwagen
l'ambulance
Rullstohl
le fauteuil roulant
Bruch
la fracture

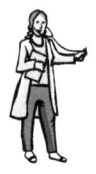

Dokter

le médecin

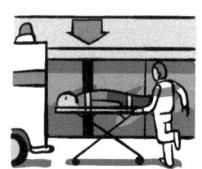

Nootopnahm

le service des urgences

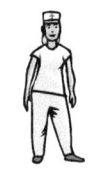

Krankensüster

l'infirmière

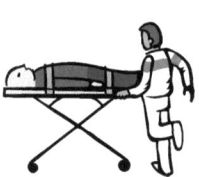

Nootfall

l'urgence

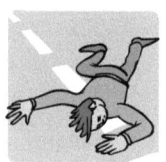

ahnmächtig

inconscient

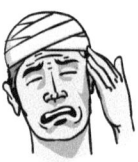

Wehdaag

la douleur

Verwunnen

la blessure

Blöden

l'hémorragie

Hartinfarkt

la crise cardiaque

Slaganfall

l'attaque cérébrale

Allergie

l'allergie

Hoosten

la toux

Fever

la fièvre

Gripp

la grippe

Dörchfall

la diarrhée

Koppwehdaag

le mal de tête

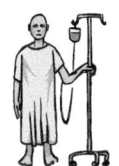

Kreeft

le cancer

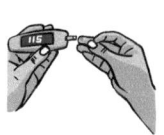

Zuckersüük

le diabète

Chirurg

le chirurgien

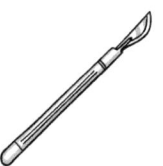

Chirurgsch Mess

le scalpel

Operatschoon

l'opération

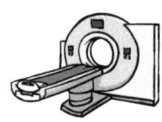

CT
le CT

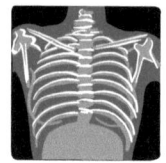

Dörchlüchten
la radiographie

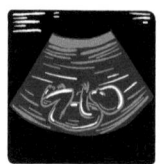

Ultraschall
l'échographie

Mask
le masque

Krankheit
la maladie

Töövruum
la salle d'attente

Krück
la béquille

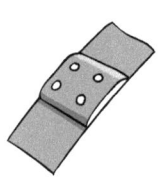

Plaaster
le pansement

Verband
le pansement

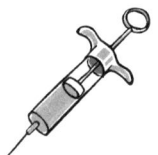

Insprütten
l'injection

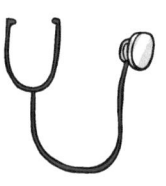

Stethoskop
le stéthoscope

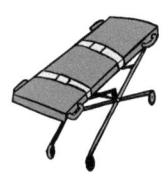

Draag
le brancard

Feverthermometer
le thermomètre

Geboort
l'accouchement

Övergewicht
la surcharge pondérale

Höörapparat

l'appareil auditif

Kiemfriemiddel

le désinfectant

Ansteken

l'infection

Virus

le virus

HIV / AIDS

le VIH / le sida

Heelmiddel

le médicament

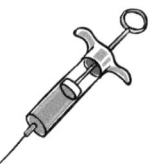

Impen

la vaccination

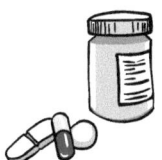

Tabletten

les comprimés

Pill

la pilule

Nootroop

l'appel d'urgence

Blootdruck-Meter

le tensiomètre

krank / gesund

malade / sain

Hölp!

Au secours !

Alarm

l'alarme

Överfall

l'assaut

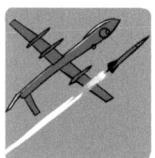

Angreep

l'attaque

Gefohr

le danger

Nootutgang

la sortie de secours

Füer!

Au feu!

Füerlöscher

l'extincteur

Unfall

l'accident

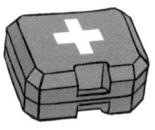

Noothölpkoffer

la trousse de premier
secours

SOS

SOS

Polizei

la police

Europa

l'Europe

Noordamerika

l'Amérique du Nord

Süüdamerika

l'Amérique du Sud

Afrika

l'Afrique

Asien

l'Asie

Australien

l'Australie

Atlantik

l'Océan atlantique

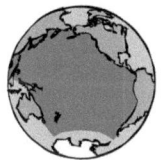

Pazifik

l'Océan pacifique

Indisch Weltmeer

l'Océan indien

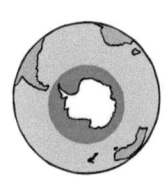

Antarktisch Weltmeer

l'Océan antarctique

Arktisch Weltmeer

l'Océan arctique

Noordpol

le Pôle nord

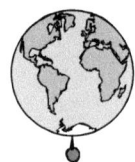

Süüdpol
....
le Pôle sud

Antarktis
....
l'Antarctique

Eerd
....
la terre

Land
....
le pays

See
....
la mer

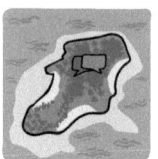

Eiland
....
l'île

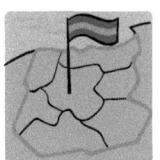

Natschoon
....
la nation

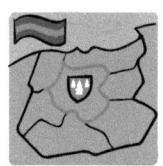

Staat
....
l'état

Tallenblatt
le cadran

Stunnenwieser
l'aiguille des heures

Minutenwieser
l'aiguille des minutes

Sekunnenwieser
l'aiguille des secondes

Wo laat is dat?
Quelle heure est-il ?

Dag
le jour

Tiet
le temps

nu
maintenant

digetaalsch Klock
la montre digitale

Minuut
la minute

Stunn
l'heure

Week

la semaine

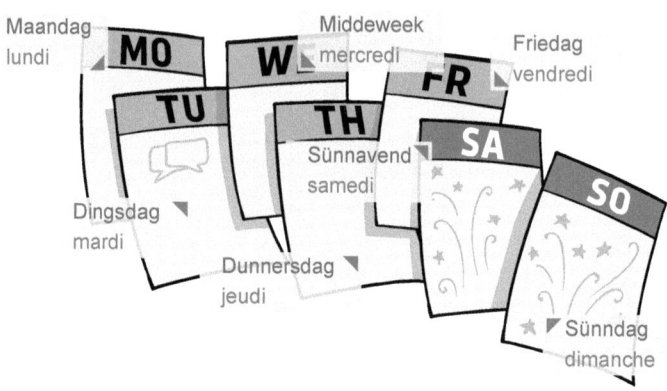

Maandag / lundi
Middeweek / mercredi
Friedag / vendredi
Dingsdag / mardi
Dunnersdag / jeudi
Sünnavend / samedi
Sünndag / dimanche

güstern
....
hier

hüüt
....
aujourd'hui

morgen
....
demain

Morgen
....
le matin

Meddag
....
le midi

Avend
....
le soir

Arbeitsdaag
....
les jours ouvrables

Wekenenn
....
le week-end

Regen
la pluie

Regenbagen
l'arc-en-ciel

Snee
la neige

Wind
le vent

Fröhjohr
le printemps

Harvst
l'automne

Sommer
l'été

Winter
l'hiver

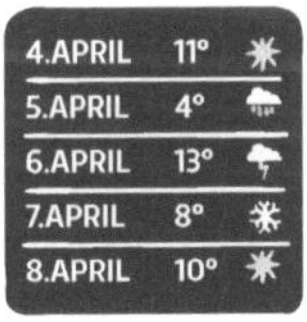

4.APRIL	11°	☀
5.APRIL	4°	
6.APRIL	13°	
7.APRIL	8°	☀
8.APRIL	10°	☀

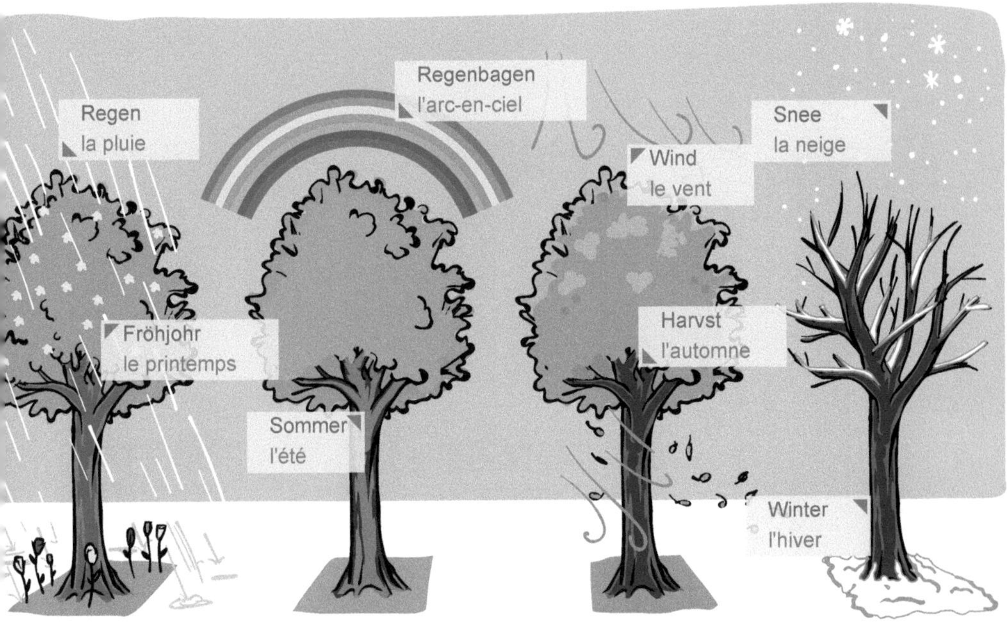

Wedervörhersaag

la météo

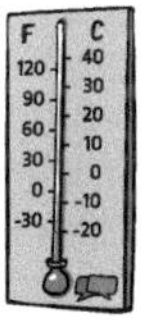

Thermometer

le thermomètre

Sünnenschien

la lumière du soleil

Wulk

le nuage

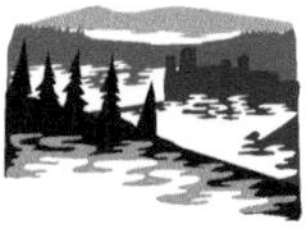

Nevel

le brouillard

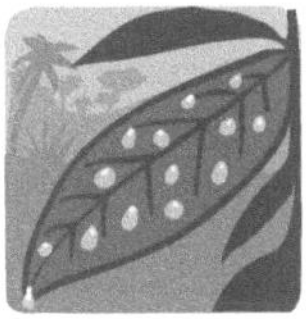

Luftfuchtigkeit

l'humidité

Blitz

la foudre

Dunner

la tonnerre

Storm

la tempête

Hagel

la grêle

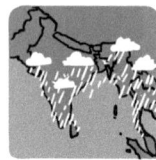

Monsun

la mousson

Floot

l'inondation

les

la glace

Januormaand

janvier

Februormaand

février

Martmaand

mars

Aprilmaand

avril

Maimaand

mai

Junimaand

juin

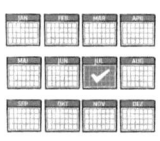

Julimaand

juillet

Augustmaand

août

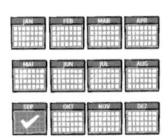

Septembermaand

septembre

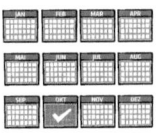

Oktobermaand

octobre

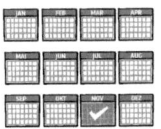

Novembermaand

novembre

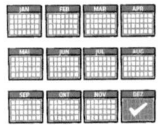

Dezembermaand

décembre

Krink

le cercle

Quadrat

le carré

Rechteck

le rectangle

Dreeeck

le triangle

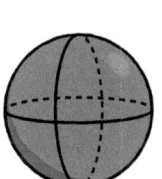

Kugel

la sphère

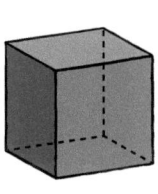

Wörpel

le cube

Farven

les couleurs

witt
....
blanc

geel
....
jaune

orangsch
....
orange

pink
....
rose

root
....
rouge

lila
....
violet

blau
....
bleu

gröön
....
vert

bruun
....
marron

gries
....
gris

swart
....
noir

veel / wenig
....
beaucoup / peu

böös / verdreeglich
....
fâché / calme

smuck / mies
....
joli / laid

Begünn / Enn
....
le début / la fin

groot / lütt
....
grand / petit

hell / düüster
....
clair / obscure

Broder / Süster
....
frère / soeur

schier / schietig
....
propre / sale

kumpleet / nich kumpleet
....
complet / incomplet

Dag / Nacht
....
le jour / la nuit

doot / lebennig
....
mort / vivant

breet / small
....
large / étroit

geneetbor / nich geneetbor

comestible / incomestible

bõõs / fründlich

méchant / gentil

fickerig / langwielt

excité / ennuyé

dick / dünn

gros / mince

toeerst / toletzt

le premier / le dernier

Fründ / Fiend

l'ami / l'ennemi

vull / leddig

plein / vide

hart / week

dur / souple

swoor / licht

lourd / léger

Smacht / Döst

faim / soif

krank / gesund

malade / sain

nich na't Recht / na't Recht

illégal / légal

klook / dummerhaftig

intelligent / stupide

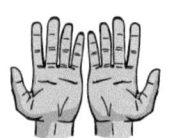

linkerhand / rechterhand

gauche / droite

neeg / feern

proche / loin

nieg / bruukt

nouveau / usé

nix / wat

rien / quelque chose

oolt / jung

vieux / jeune

an / ut

marche / arrêt

apen / slaten

ouvert / fermé

lies / luut

faible / fort

riek / arm

riche / pauvre

richtig / verkehrt

correct / incorrect

ruug / glatt

rugueux / lisse

trurig / glücklich

triste / heureux

kort / lang

court / long

suutje / flink

lent / rapide

natt / dröög

mouillé / sec

warm / köhl

chaud / froid

Krieg / Freden

la guerre / la paix

les nombres

0

null

zéro

1

een

un / une

2

twee

deux

3

dree

trois

4

veer

quatre

5

fief

cinq

6

söss

six

7

söven

sept

8

acht

huit

9

negen

neuf

10

teihn

dix

11

ölven

onze

12

twölf
douze

13

dörteihn
treize

14

veerteihn
quatorze

15

föffteihn
quinze

16

sössteihn
seize

17

söventeihn
dix-sept

18

achtteihn
dix-huit

19

negenteihn
dix-neuf

20

twintig
vingt

100

hunnert
cent

1.000

dusend
mille

1.000.000

million
le million

Engelsch

l'anglais

Amerikaansch Engelsch

l'anglais américain

Chineesch Mandarin

le chinois mandarin

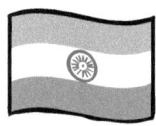

Hindi

le hindi

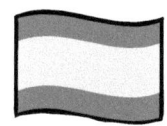

Spaansch

l'espagnol

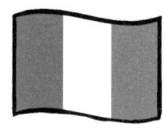

Franzöösch

le français

Araabsch

l'arabe

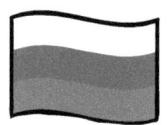

Rusch

le russe

Portugiesch

le portugais

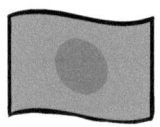

Bengaalsch

le bengali

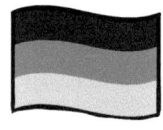

Düütsch

l'allemand

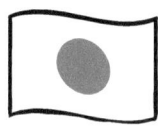

Japaansch

le japonais

ik
je

du
tu

he / se / dat
il / elle / ce, c', cela

wi
nous

ji
vous

se
ils / elles

keen?
Qui ?

wat?
Quoi ?

woans?
Comment ?

woneem?
Où ?

wannehr?
Quand ?

Naam
le nom

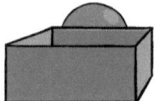

achter

derrière

in

dans

vör

devant

över

au-dessus

op

sur

ünner

en-dessous

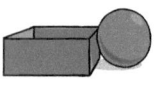

blangen

à côté de

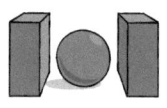

twüschen

entre

Oort

le lieu